VERBUM ☙ POESÍA

EL ARTE SERIO DE HACER REÍR
POESÍA HUMORÍSTICA EN ESPAÑOL

colección **Poesía**

Dirigida por PEDRO SHIMOSE

La colección Verbum Poesía ha mantenido desde sus inicios la vocación de dar a conocer voces poéticas de sostenido prestigio en sus países de origen, pero poco o nada conocidos en España, junto a nombres consagrados de la lírica universal, entre los que destacan: Gastón Baquero, José Kozer, Julián del Casal, Juan Ramón Jiménez, Rubén Darío, Federico García Lorca, E. E. Cummings, Steven White, Luis Antonio de Villena, Luis García Montero, Luis Alberto de Cuenca, Antonio Gamoneda, Pablo Guerrero, Ana María Facundo, Antonio Colinas, José Siles, Fernando Pessoa, entre otros.

VV. AA.

El arte serio de hacer reír

Poesía humorística en español

EDITORIAL
VERBUM

Tr.ª Sierra de Gata, 5
La Poveda (Arganda del Rey)
28500 - Madrid
Teléf.: (+34) 910 46 54 33
e-mail: info@editorialverbum.es
https://editorialverbum.es

ISBN: 978-84-7962-764-5
Depósito Legal: M-10921-2026

Diseño de colección: Origen Gráfico, S. L.
Preimpresión: Adrians Esquivel Romero
Corrección y maquetación: Irene Ferrer Beired
Printed in Spain / Impreso en España

Este libro ha sido
impreso con papel
ecológico procedente
de bosques sostenibles.

ÍNDICE

EL ARTE SERIO DE HACER REÍR CONCURSO DE POESÍA

PRÓLOGO

DEL ARTE DIFÍCIL DE HACER REÍR CON VERSOS

Hay libros que se leen con los ojos; otros, con la cabeza. Este, además, se lee con el diafragma. No es una metáfora menor: la poesía humorística exige una musculatura especial, una gimnasia interior que combina inteligencia, ironía, precisión verbal y una saludable desconfianza hacia lo solemne. Porque reír —sobre todo reír bien— no es un acto frívolo, sino una forma refinada de lucidez.

La presente antología reúne voces que han sabido afrontar esa empresa difícil y, por ello mismo, admirable: hacer comedia con versos. Aquí conviven los ganadores de nuestro concurso de poesía humorística con autores clásicos que, mucho antes de que el humor pareciera un género menor o sospechoso, ya demostraron que la risa puede ser un arma crítica, una lente moral y, en ocasiones, un consuelo. No es casual esta compañía: los une una misma convicción secreta, la de que el ingenio también es una forma de conocimiento.

El humor poético no consiste en contar chistes con rima ni en rebajar el lenguaje hasta hacerlo complaciente. Todo lo contrario. Exige oído, contención, sentido del ritmo y una mirada aguda sobre el mundo. Reírse de lo humano —de sus manías, de sus pompas, de sus miserias— implica comprenderlo. Por eso, quien escribe humor se expone más que nadie: si falla el pulso, el poema se desploma; si acierta, el lector sonríe... y piensa.

En estas páginas el lector encontrará sátira, ironía, parodia, absurdo, juego verbal, ternura burlona y una saludable irreverencia. Hay poemas que disparan una carcajada inmediata y otros que actúan con retardo, como ciertos vinos o ciertas verdades: primero provocan una sonrisa, luego una reflexión, y finalmente una risa más profunda, quizá algo incómoda. Así debe ser. El humor que no incomoda un poco suele ser solo decoración.

Los autores contemporáneos aquí reunidos dialogan —a veces sin saberlo— con una tradición ilustre que va del Arcipreste a Quevedo, de Iriarte a Jardiel Poncela, de la fábula moral al disparate lúcido. Todos ellos supieron que la risa no rebaja la poesía: la afila. Y que escribir en clave humorística es, paradójicamente, una de las tareas más serias que puede emprender un poeta.

Queda advertido el lector: este libro puede provocar sonrisas intempestivas, deseos irrefrenables de leer en voz alta, complicidades inesperadas y, en algún caso, la sospecha inquietante de que aquello de lo que uno se ríe no está tan lejos de uno mismo. Si eso ocurre, no se alarme: es el efecto natural de la buena poesía humorística.

Lea, pues, sin prevención y con el ánimo abierto. Reír, aquí, no es un pasatiempo: es una forma de inteligencia compartida.

IRENE FERRER BEIRED
Madrid, 2026

EL ARTE SERIO DE HACER REÍR
(SIGLOS XIII-XX)

Poesía humorística en español

Juan Ruiz, Arcipreste de Hita

(1283-1359)

De las propiedades que el dinero ha

Hace mucho el dinero, mucho se le ha de amar;
al torpe hace discreto y hombre de respetar;
hace correr al cojo y al mudo le hace hablar;
el que no tiene manos bien lo quiere tomar.

También al hombre necio y rudo labrador
dineros le convierten en hidalgo doctor;
cuanto más rico es uno, más grande es su valor;
quien no tiene dinero no es de sí señor.

Y si tienes dinero tendrás consolación,
placeres y alegrías y del Papa ración,
comprarás paraíso, ganarás la salvación;
donde hay mucho dinero hay mucha bendición.

Él crea los priores, los obispos, los abades,
arzobispos, doctores, patriarcas, potestades;
a los clérigos necios da muchas dignidades;
de verdad hace mentiras; de mentiras, verdades.

Él hace muchos clérigos y muchos ordenados,
muchos monjes y monjas, religiosos sagrados,
el dinero les da por bien examinados,
a los pobres les dicen que no son ilustrados.

Yo he visto muchos curas en sus predicaciones
despreciar al dinero, también sus tentaciones,
pero, al fin, por dinero otorgan los perdones,
absuelven los ayunos y ofrecen oraciones.

Dicen frailes y clérigos que aman a Dios servir,
mas si huelen que el rico está para morir,
y oyen que su dinero empieza a retiñir,
por quién ha de cogerlo empiezan a reñir.

En resumen lo digo, entiéndelo mejor:
el dinero es del mundo el gran agitador,
hace señor al siervo y siervo hace al señor;
toda cosa del siglo se hace por su amor.

Miguel de Cervantes

(1547-1616)

Un valentón

Un valentón de espátula y gregüesco
que a la muerte mil vidas sacrifica,
cansado del oficio de la pica,
mas no del ejercicio picaresco,

retorciendo el mostacho soldadesco,
por ver que ya su bolsa le repica
 a un corrillo llegó de gente rica
y en el nombre de Dios pidió refresco.

«Den voacedes, por Dios, a mi pobreza
—les dice—; donde no; ¡por ocho santos
que haré lo que hacer suelo sin tardanza!»

Mas uno, que a sacar la espada empieza,
«¿Con quién habla? —le dice al tiracantos—,
¡cuerpo de Dios con él y su crianza!

Si limosna no alcanza,
¿qué es lo que suele hacer en tal querella?»
Respondió el bravonel: «¡Irme sin ella!»

Francisco de Quevedo

(1580-1645)

Romance satírico

Pues me hacéis casamentero,
Ángela de Mondragón,
escuchad de vuestro esposo
las grandezas y el valor.
Él es un médico honrado
por la gracia del Señor,
que tiene muy buenas letras
en el cambio y el bolsón.

Quien os lo pintó cobarde
no lo conoce y mintió,
que ha muerto más hombres vivos
que mató el Cid Campeador.
En entrando en una casa
tiene tal reputación
que luego dicen los niños:
«Dios perdone al que murió».
Y con ser todos mortales
los médicos, pienso yo
que son todos venïales
comparados al doctor.

Al caminante en los pueblos
se le pide información,

temiéndole más que a peste,
de si le conoce o no.
De médicos semejantes
hace el rey, nuestro señor,
bombardas a sus castillos,
mosquetes a su escuadrón.
Si a alguno cura y no muere,
piensa que resucitó
y por milagro le ofrece
la mortaja y el cordón.

Si acaso estando en su casa
oye dar algún clamor,
tomando papel y tinta
escribe: «Ante mí pasó».
No se le ha muerto ninguno
de los que cura hasta hoy,
porque antes que se mueran
los mata sin confesión.
De envidia de los verdugos
maldice al corregidor,
que sobre los ahorcados
no le quiere dar pensión.

Piensan que es la muerte algunos;
otros, viendo su rigor,
le llaman el Día del Juicio,
pues es total perdición.
No come por engordar
ni por el dulce sabor,
sino por matar la hambre,
que es matar su inclinación.

Por matar mata las luces
y si no le alumbra el sol,
como murciélago vive
a la sombra de un rincón.

Su mula, aunque no está muerta,
no penséis que se escapó,
que está matada de suerte,
que le viene a ser peor.

Él que se ve tan famoso,
y en tan buena estimación,
atento a vuestra belleza,
se ha enamorado de vos.
No pide le deis más dote
de ver que matáis de amor,
que en matando de algún modo,
para en uno sois los dos.
Casaos con él y nunca
de viuda tendréis pasión,
que nunca a la misma Muerte
se oyó decir que murió.
Si lo hacéis, a Dios le ruego
que gocéis con bendición;
pero si no, que nos libre
de conocer al doctor.

Félix María Samaniego

(1745-1801)

Las bendiciones en aumento

I

Reñía una casada a su marido
porque no estaba bien favorecido
de la naturaleza
y a gritos le decía:

—Fue grande picardía
que con tan chica pieza
pretendieras casarte y engañarme
puesto que no puedes contentarme.
Marcha, marcha de casa,
pues tu fortuna escasa
te dio para marido sólo el nombre,
y eres en lo demás un pobre hombre.

En efecto, saliose despechado
este infeliz al campo, contristado,
y a muy poco que anduvo
el buen encuentro tuvo
de un mágico que al sol leyendo
estaba y en su libro las furias invocaba.

Luego que vio al marido,
el mágico le dice: —Tú has venido,
amigo, a este paraje a lamentarte,
mas yo te espero para consolarte.
Por mi ciencia sé bien lo que te pasa,
pero en breve a tu casa
te volverás contento.
Toma; ponte al momento
en la derecha mano
este anillo que tiene virtud rara,
pues todo miembro humano
que bendigas con él crece una vara
a cada bendición rápidamente,
pero, puesto en la izquierda, prontamente
mengua lo que ha crecido
por la mano derecha bendecido.

Al punto el hombre, lleno de impaciencia,
quiso hacer del anillo la experiencia:
lo pone en su derecha, se bendice
su caudal infelice,
se le va aumentando de tal manera
que, si el mágico a un lado no se hiciera,
con él diese en el suelo,
tan rápido estirón dio aquel ciruelo.
Alegre, a su mujer volvió el marido
y le dice: —Ya vengo prevenido
para satisfacer tu ardiente llama;
ven conmigo a la cama,
pero encima de mí has de colocarte,
para poder mejor regodearte.

Sobre él luego se pone
la mujer, y al ataque se dispone;
y, viéndola el marido bien montada,
echó la bendición premeditada...
y otra... y otras corriendo, de tal suerte
que, alzándola en el aire el miembro fuerte,
la moza en él elevada parecía
un esclavo que empalan en Turquía.

Viéndose contra el techo así ensartada,
pide al cielo favor. Entra asustada
la madre, y viendo un cuadro tan terrible
da un alarido horrible,
diciendo: —¡Santa Bárbara bendita,
qué visión tan maldita!
Venga un hacha que esté bien afilada
para cortar un nabo de este porte.

Mas la mujer repuso atragantada:
—¡Ay, no, madre, desteche, mas no corte!

II

Ya se acuerda el lector de aquel marido
que por el mago anillo socorrido
clavó en su miembro a su mujer al techo;
sepa también que al cabo, satisfecho
de su esposa y vengado,
en un medio dejó proporcionado
el clavo monstruoso,
viviendo en adelante muy gustoso,
dándole aumento o merma en ocasiones
con derechas o zurdas bendiciones.

Paseándose un día alegremente,
llegó junto a una fuente
donde por diversión quiso lavarse
las manos y en el agua refrescarse.
La sortija encantada
a este fin se quitó y allí olvidada
entonces se dejó, sin que cayera
en ello, ni su falta conociera.
Fuese, finalizado su recreo,
y a muy poco el obispo de paseo
vino a la misma fuente deliciosa,
y viendo una sortija tan preciosa,
de tal hallazgo ufano,
se la coloca en la derecha mano.
Al tiempo que a su coche se volvía,
un pasajero le hizo cortesía,
a que el obispo corresponde atento
con una bendición; y en el momento,
saltando el alzapón de sus calzones,
ve salir de sus lóbregos rincones
un matamoscas largo de una vara
que igual entre mil monjes no se hallara.
Su Ilustrísima, al verlo, con el susto
se empezó a santiguar como era justo,
pero mientras más daba en santiguarse,
más veía aumentarse
por varas a la vista
su avión, sin saber en qué consista.
Los pajes al obispo rodearon
y a sostener el peso le ayudaron
de aquella inmensa cosa,
encubriendo la mole prodigiosa

con todos sus manteos y sotanas;
pero estas diligencias eran vanas,
porque apenas un nuevo pasajero
se quitaba el sombrero
viendo el obispo y él le bendecía,
cuando otra vara el avión crecía.
Por fin, cerca la noche,
como mejor pudieron, a su coche
llevan al ilustrísimo afligido;
pero para que fuese en él metido
del cristal delantero le quitaron
y así la mitad fuera colocaron
de aquel feroz pepino
semejante a una viga de molino.
A oscuras, muy despacio,
al obispo llevaron a palacio,
con mil mañas le ponen en su lecho
y de la alcoba abrieron en el techo
un agujero porque penetrara
según su altura aquella cosa rara.
La fama en breve lleva
de unos en otros la terrible nueva
del caudal que al obispo le ha crecido
hasta, que sabedor de ella el marido
de la sortija dueño,
trató de recobrarla con empeño.
Para esto en el palacio se presenta,
diciendo que es un médico que intenta
menguar al ilustrísimo el recado,
si un anillo le da que se ha encontrado.
Admitiole el partido
el obispo gustoso, y al marido

entrega la sortija, el que, contento,
en su siniestra mano en el momento
la pone, y bendiciendo al buen prelado
vio por varas su miembro anonadado.
No quedaba al paciente
ya más que aquel tamaño suficiente
con que desempeñara sus funciones;
pero viendo que a echar más bendiciones
se disponía el médico oficioso,
le ataja temeroso,
diciéndole: «Por Dios, que se detenga
y no otra nueva bendición prevenga
que me pierde con ella si porfía:
déjeme al menos lo que yo tenía».

Tomás de Iriarte

(1750-1791)

El burro flautista

Esta fabulilla,
salga bien o mal,
me ha ocurrido ahora
por casualidad.

Cerca de unos prados
que hay en mi lugar,
pasaba un borrico
por casualidad.

Una flauta en ellos
halló, que un zagal
se dejó olvidada
por casualidad.

Acercose a olerla
el dicho animal,
y dio un resoplido
por casualidad.

En la flauta el aire
se hubo de colar,
y sonó la flauta
por casualidad.

«¡Oh!», dijo el borrico,
«¡qué bien sé tocar!
¡y dirán que es mala
la música asnal!».

Sin reglas del arte,
borriquitos hay
que una vez aciertan
por casualidad.

Antonio Ribot Y Fontseré

(1813-1871)

El salchichón

Cante Ayguals la judía;
Villergas, la patata,
salga el garbanzo vil a la palestra...
¿Quién prostituye así la poesía?
¿Quién así la degrada y la maltrata?
Callad, callad, cantores de menestra.
¿Qué las patatas y judías son
al lado del robusto salchichón?
¡Ingratos!, os dio numen
el cielo soberano,
os dio ambición de gloria, os dio talento...
¿No hay cargos de conciencia que os abrumen?
¿No os atormenta un roedor gusano?
¿No sentís un atroz remordimiento?
¡Legumbres celebráis!... ¡oh!, ¡maldición!
¡Y dejáis olvidado el salchichón!
Es vuestro inmenso crimen
digno de inmensa pena,
mas la gracia de Dios es infinita;
los pecados más graves se redimen;
Dios perdonó a la impura Magdalena
arrepentida viéndola y contrita;
un acto, pues, rezad de contrición,
y ayudadme a cantar el salchichón.

¡Oh, Vich!, ¡oh, patria mía!,
esclarecen tu nombre
salchichones de gusto y de fragancia.
No envidies, no, la justa nombradía
de famosas ciudades, ni te asombre
la gloria de Sagunto
y de Numancia.
Si a Córcega dio fama Napoleón,
tú la debes mayor al salchichón.
Del uno al otro polo
su salchichón circula
y es su sabor la fe de su bautismo.

Que en salchichones, Vich, te pintas solo
y el salchichón que el paladar adula;
emblema es cual la cruz del cristianismo,
pues quien profesa mora religión
no puede comer nunca salchichón.
Si un día lo catasen,
vierais a los infieles
desertar de las filas de Mahoma.
Cátenlo y no habrá dos que no se pasen
a nuestra fe; zegríes y gomeles
se acogerán al lábaro de Roma.
¿Quién ha de producir tal conversión?
Sólo tú, soberano salchichón.

¿No veis allá una hermosa
pálida, desgreñada?
¿Qué siniestra intención leo en sus ojos?

Miradla, se dirige presurosa
a la orilla del mar... ¡desventurada!

¿Quién contra ti provoca tus enojos?
Detente, pon un freno a tu pasión...
Mira, mira, aquí tengo un salchichón.
Y es una pobre amante
vilmente seducida
por un estrafalario muy romántico.
El frenesí se pinta en su semblante
y va a ocultar la afrenta de su vida
entre las crespas olas del Atlántico...
¡Qué peripecia!... vuelve a la razón,
ya no se tira... ¡ha visto el salchichón!

¡Oh, tú, buen misionero,
que remotos espacios
cruzas y mares y apestados climas,
por convertir al dogma verdadero
a los más refractarios y reacios,
no de la persuasión el arma esgrimas!
Para atraerse al indio cimarrón,
es probado, no hay como un salchichón.

Los que a la medicina
consagráis el talento,
¿no veis que será estéril vuestra ciencia
mientras sierva la hagáis de la rutina?
¿Por qué para saber si aún tiene aliento
y así poder dar fe de su existencia,
en lugar de una luz o de un velón,
no acercáis al enfermo un salchichón?

Si salchichón no come
aunque una vela apague,
el infeliz murió de positivo.
Por exageración nadie lo tome;
cuando veáis que salchichón no trague
no hay ya cuidado de enterrarle vivo,
que quizás ya estará en putrefacción
y aún comerá el difunto salchichón.

¡Salchichón! ¡yo te adoro,
yo que sin ilusiones
entre humanos vegeto aborrecidos!
Tú eres mi bien y mi único tesoro...
¡Oh! ¡Quién pudiera en recios salchichones
ver a todos los hombres convertidos,
y sin ser ni Coburgo ni Borbón
ver reinar donde quiera un salchichón!

Con una vil manzana,
según nos dicen, Eva
se dejó seducir... ¿no estaba loca?
Si hoy el demonio en seducir se afana,
no enseña una manzana ni una breva,
que es al cabo todo esto una bicoca;
hoy para hacer caer en tentación
necesita el demonio un salchichón.

En vano los partidos
con implacable saña
un mando se disputan pasajero.
¡Esfuerzos miserables y perdidos!
El que quiera mandar acá en España

y un prosélito hallar en cada ibero,
ofrezca su programa a la nación:
para ricos y pobres salchichón.
Yo que de la política
salí cual por ensalmo
harto de controversias y de enredo,
¿queréis dispute en situación tan crítica
la libertad del pueblo palmo a palmo?
¡Oh, no! Disputaría dedo a dedo
la libertad con brío y con tesón,
si la libertad fuera salchichón.

Pues hice no poco
en salir aún con huesos
de la charca de las ranas periodísticas;
pues hice mucho en no volverme loco
y mi honor y mi juicio saqué ilesos
de mil disputas y otras mil sofísticas;
de hoy más mi único lema, mi opinión,
mi estandarte ha de ser un salchichón.
Esta bandera nueva
intrépido enarbolo...
contémplala, español, con ardimiento.
¿A combatirla hay alguien que se atreva?
Los partidos por fin en uno solo
se funden y en un solo pensamiento,
y se llevará a cabo esta fusión
de todos siendo núcleo el salchichón.

¡Gloria a mí, que el primero
concebí tal idea
que si Colón viviera la envidiara!

Cuando mi vida se convierta en cero,
cuando la muerte con su brocha fea
de amarillo color pinte mi cara,
mi adiós postrero, mi última ilusión
tuyos serán, querido salchichón.

Juan Martínez Villergas

(1817-1894)

Oda a las patatas

No las lides pretendo
celebrar de Austerlitz y de Lepanto,
ni de Roma el estruendo,
yo que de eso no entiendo
la gloria y prez de las patatas canto.

Bien haya a los que hallaron
de América en el rincón pingüe tesoro,
que audaces explotaron
y al regresar surcaron
olas de plata y borbollones de oro.

Bien haya a los que hicieron
romería tan larga viento en popa
y en la región que hendieron
la mina descubrieron
que de patatas inundó la Europa.

Pues dionos más consuelo
(dice un autor) que el oro y que la plata,
quien con humano celo
al europeo suelo
la mina trasplantó de la patata.

Del hambre al fiero estrago
las masca el rico, el rey, ¿quién dijo miedo?,
y en su elocuente amago
igualan al monago
on el mismo arzobispo de Toledo.

¡Oh! Sin su prodigiosa
y alta influencia, que a pintar no acierto,
en esta era famosa fuera una misma cosa
quedar cesante y repicar a muerto.

Sabroso, no es lisonja,
y fruto el más barato del mercado,
el estómago esponja
del ex-fraile, la ex-monja,
la huérfana, la viuda, el retirado.

Por la voz acabada
en «-eira» como Ojeira, Beira y Neira,
Galicia es señalada;
pero es más celebrada
por la gaita chillona y la muñeira.

Nombre La Mancha alcanza
entre ciertas y ciertas maravillas
por su héroe Sancho Panza,
y la española danza
que llamamos manchegas seguidillas.

Mas también fama y mucha
les da su patatar, respondo a ciegas;
o decida en la lucha

Madrid, que tanto escucha:
«¡A dos cuartos manchegas y gallegas!».

Igual, bien comparadas,
a las mujeres son, doy datos fijos:
pálidas o encarnadas,
panzudas o estrujadas,
doncellas la mitad y otras con hijos.

Nadie hay que más insista
en ser cual yo tan partidario de ellas,
la causa está a la vista:
probable es que consista
en que me saben bien éstas y aquéllas.

Plantas las dos del suelo,
que al ardiente apetito desafían,
guardan con denso velo
un corazón de hielo,
pero entrando en calor tarde se enfrían.

Juan Pérez Zúñiga

(1860-1838)

Un almuerzo

¿Conque he de almorzar contigo?
¡Cuanto lo agradezco, Luisa!
Sentémonos, que ya sacan
el primer plato... ¿Judías?
No sé por qué se me vienen
a la memoria tus primas,
las que pusieron la casa
de préstamos en Sevilla.
¿Atún en salsa? Me gusta.
¡Tu padre está bueno, chica!
Me lo he encontrado en la calle
hace tres o cuatro días.
¡Hola! ¿Pavo en pepitoria?
Creo tener a la vista a tu abuelo...
El pobrecito por el pavo se moría.
Ya acabé... ¡Calla! ¿Chuletas
de cerdo? Son cosa rica.
Dime, ¿tu tío el canónigo
sigue tan gordo en Galicia?
Lo celebro... ¿Estas son truchas
en escabeche? ¡Qué finas!
No sé por qué me recuerdan
a tu madre. ¡Pobrecilla!
¿Qué traen ahora? ¿Un cabrito?

Es una pieza hermosísima.
¡Me acuerdo más de tu esposo!...
¡Qué bien está en Filipinas!
Ya hemos llegado a los postres.
Los postres son mi delicia.
¡Hola! Bizcochos borrachos...
¿Tus hermanos en Montilla
seguirán lo mismo siempre?
Dios les conserve la guita.
¡Buen dulce de calabaza
gastamos, querida amiga!
Me parece que estoy viendo,
aquí en nuestra compañía,
a tu tío el diputado.
¡Qué calabaza tan rica!
¿También hay «Anís del mono»
para fin de la comida?
¿Será el anís de tu primo?
¡Qué generoso y qué... lila!
¡Ajajá! Ya he terminado.
Mil gracias, amiga mía.
Mas permite que te ruegue que,
si a otro almuerzo me invitas,
no me des las mismas cosas;
porque, si me das las mismas
se me va a estar figurando
que me como a tu familia.

Fernando Martín Redondo

(1828-1904)

El diputado electo

Llevaba en la cartera
el acta de elección un diputado:
su mirada altanera,
aire de presunción y desenfado,
iban diciendo a voces a la gente:
«Aquí va un personaje prominente».
Porque no apetecía
más compañía que su pensamiento,
que risueño le abría
horizontes políticos sin cuento.
Pasaba por la calle de Barbieri,
y así decía el diputado *in fieri*:
«Una vez aprobada
el acta y yo sentado en el Congreso,
no me detiene nada
y lanzaré de mi elocuencia el peso
en un soberbio escultural discurso
que asombrará al gobierno y al concurso.
Del efecto logrado
con mi oración se ocupará la prensa;
seré el niño mimado
y obtendré la debida recompensa:
gobernador o regio comisario
director general, subsecretario...

A otra legislatura
habrá en el ministerio alteraciones,
y si, como se augura,
atendiendo a económicas razones,
se parte en dos aquel departamento,
seré medio ministro de Fomento.
Abriré una campaña
de reformas, proyectos y mejoras
y me daré tal maña
para implantar medidas salvadoras
que, si me ayuda Dios, lograr espero
la regeneración del pueblo ibero.
Y, sin vanidad fatua,
daré a mi nombre esplendoroso brillo;
me alzarán una estatua,
cosa que no logró Bravo Murillo,
y constaré en la historia que se espera
comenzará a escribir don Juan Valera».

Así entró entusiasmado
en el Congreso el diputado electo,
mas se quedó aterrado
al decirle un amigo predilecto:
«Se han disuelto las Cortes, conque, chico,
trajiste un acta y te llevaste un mico.»

Enrique Jardiel Poncela

(1901-1952)

Cuentos y chismes del oficio

Como habrán visto ya por el programa
redactado para este beneficio,
Jardiel me ha hecho un monólogo de «dama»
hablando de las cosas del oficio.
Y aquí salgo a decirlo, porque es fama
que de ustedes estoy siempre al servicio.
Lo único que me escama
es que es un poco tarde ya para el suplicio.
Pero hablaré de prisa, aunque sea un vicio,
y se marchan ustedes a la cama...
y Dios les premiará su sacrificio.

El teatro es mi centro,
y bien puedo hablar de él, pisando firme;
voy, pues, a contar algo de aquí dentro,
a saludarles... y después, a irme.

El tema es siempre ameno,
y se pueden decir cosas curiosas:
voy a hablarles a ustedes de las cosas
que suelen ocurrir en un estreno.
La obra llega a las manos de la Empresa
o bien hecha de encargo o por sorpresa.
De la primera manera

rara vez la comedia llega entera,
porque el autor, a quien la Empresa asedia,
por ser de los probados y aplaudidos,

tiene siempre aceptados diez pedidos...
y nunca tiene escrita una comedia.
En el caso segundo,
cuando la obra se acepta y no se encarga,
porque el autor es nuevo en este mundo,
la comedia está entera, pero es larga,
y otras veces es corta; mas no importa,
porque el autor, si es corta, pues la alarga,
y si es larga, suspira y va... y la corta;
pues, aunque no se explica, ni concibe,
el que no es escritor escribe mucho,
y el escritor ya ducho,
ése, si puede no escribir, no escribe.

Dispuesta por completo la comedia,
se anuncia su lectura a los actores;
suele ser a las dos o dos y media,
la hora de los calores;
vienen todos dormidos, tan dormidos,
que ni recuerdan bien sus apellidos,
y avanzan por las calles soleadas
de dos en dos, o bien de cuatro en cuatro,
palpando con las manos las fachadas
hasta dar con la puerta del teatro.
Y es que no hay un actor del siglo veinte
que consiga dormir lo suficiente,
y sólo mientras leen los autores,
en la penumbra gris del escenario,

consiguen los actores
dormir alguna vez lo necesario.

Reparto de papeles. Discusión.
Trance que es siempre amargo,
pues todo el mundo quiere un papel largo...
y todos no lo son.
No existe ni una sola profesión
donde suceda lo que ocurre en ésta:
y es que cobrar sin trabajar molesta...
¿Tiene esto explicación?
El autor sufre... El empresario grita:
«¡Tenéis que haceros cargo!»
Y la primera actriz, la pobrecita,
no sufre ni se irrita...
porque tiene un papel así de largo.

Queda, al fin, el disgusto a flor de piel;
se separa otra vez la compañía
y se empieza a ensayar al otro día...
sin que nadie se sepa su papel.
Cuatro ensayos más tarde
un actor, sin querer, se aprende el suyo,
armando un buen barullo
con su alarde;
pero al día siguiente,
e improviso, el actor se ve atacado
e amnesia efervescente,
y cuando quiere hablar, se le ha olvidado
rremisiblemente.
En los primeros días nuestra gente
no estudia su papel, aunque sea poco,

porque hay tiempo de hacerlo suficiente;
y en los últimos días..., pues tampoco,
porque no hay tiempo materialmente.

Una semana en pleno desvarío
de compras y de gastos;
y aquí dentro hay tal lío,
de modistas, de telas, de tijeras,
de pelos, de papeles, de maderas,
de muebles y de trastos,
que la Empresa, como hacen las mamás
cuando lanzan al mundo un nuevo infante, declara: «¡Éste
y no más;
no estreno ya jamás
ni a Lope que del nicho se levante!»
(Aunque, como hace luego la mamá,
nunca cumple lo dicho, claro está.)

Se llega, al fin, a la última jornada,
que —como hay que llamarla de algún modo—
se llama: «ensayo general con todo»,
pero es ensayo general sin nada.
Falta siempre lo más imprescindible;
no traen los decorados prometidos;
va a ponerse una luz, y no hay flexible;
y, como ya coser es imposible,
se hace con imperdibles un vestido
y dos horas después ya se han perdido,
porque ésa es la misión del imperdible.
El estreno, por horas, se avecina;
se galopa, se suda, se trabaja
con verdadera inquina,

se manda a por bencina;
uno sube, otro baja
y todos piden sellos de aspirina.

La comedia le pesa al empresario
y le dice al autor que es necesario
cortar lo menos media;
el autor tiene un miedo extraordinario,
y quiere cortar toda la comedia.
Los actores, con gestos lastimeros,
le piden que no corte lo que importe;
que, si acaso, que corte
lo que hablan los restantes compañeros.
Y la primera actriz,
a la que todos creen tan feliz
mecida en una vida placentera,
mientras la peluquera
le hace tirabuzones,
forra en un rinconcito unos sillones
sentada en una estera.

Todo el mundo se queja de los pies
se encargan a docenas los cafés,
y el que tiene memoria suficiente,
se acuerda vagamente, en día veinte,
de que almorzó en su casa el día tres.
Y, en tal marimorena,
está de mal humor incluso el gato,
que no encuentra su plato
porque se lo han quitado para escena.

Y así, entre sinsabores,
y angustias, y esperanzas, y sudores,
dan las diez de la noche de aquel día,
y se enciende, por fin, la batería...

Silencio... Expectación...
Nervios deshechos ya por la emoción:
emoción siempre nueva, aunque es antigua.
La gente de aquí dentro se santigua...
¡Se levanta el telón!

Y desde ese momento,
ahí fuera hay con frecuencia diversión,
pero aquí dentro hay siempre sufrimiento...
A veces surge el triunfo, y otras veces
se bebe uno el frasco hasta las heces:
pero de esto es mejor no hablar siquiera,
ni tocando madera.
Del triunfo hay que decir que, por rotundo
que dicho triunfo sea,
siempre hay sabor amargo en la jalea,
pues nunca se da gusto a todo el mundo.

A partir de la noche del estreno,
el ambiente aquí dentro es más sereno;
pero aún no han concluido los apuros:
hay que estar sin salir del escenario;
esclavos del reloj y del calendario;
y hay que ver cuántos duros
ingresan a diario;
y hay que vivir pendientes del calor,
nuestro gran enemigo en los estíos:

y pendientes del frío, amigos míos,
pues nadie va al teatro con los fríos,
y se pierde un horror.
Y si llueve, muchísimo peor,
porque, ¿a ver quién se atreve
a salir de su casa cuando llueve?
Y cuando el tiempo es bueno, pues es malo,
y siendo hermoso es feo,
pues las gentes se marchan de paseo
y no vienen aquí ni con regalo.

En fin: que es un oficio el de la escena
que no vale la pena.
¡Palabra de mujer!
Si volviera a nacer,
y, si fuera la misma todavía:
con mi misma alegría
y mi modo de ser
y mi tipo y mi cara y mi nariz;
si volviera a nacer, como decía,
y si fuera la misma... ¡volvería
a dedicarme a actriz!

EL ARTE SERIO DE HACER REÍR
CONCURSO DE POESÍA

Manuel Peláez Álvarez

(España, 1949)

Tres semblanzas madrileñas

I

Que, el castellano exquisito,
potencie en Madrid su uso,
fue el pretexto de que Ayuso
monte a Cantó un chiringuito.
Desconozco si es delito,
mas sí dislate espantoso
el que un tránsfuga famoso
dicte en Madrid español,
cuando, en la Puerta del Sol,
habla este idioma hasta el oso.

II

El alcalde, a Cuchilleros,
llevó a Ayuso, y eso mola,
él vestía de manola,
y ella de Curro Romero.
Le dijo Almeida altanero:
—Isa, engordaste y te aprieta,
no cabes en la chaqueta.
Y ella devolvió el revés:

—Sin tacones en los pies,
no me llegas tú a las tetas.

III

De Ayuso fiel escudera,
orgullo de los Borbones,
estirpe experta en pitones,
pone a Madrid por montera.
¡Olé tu gracia torera!,
porfía, tabaco y oro,
son Las Ventas un tesoro,
que te harán famosa y rica,
¡ay…, Victoria Federica!,
hasta el rabo todo es toro.

Lula Pedregosa A.

(España, 1968)

Se vende, se firma, se paga... ¿y qué?

—Señora, insisto:
el seguro no se puede cancelar.

—Caballero, se lo he dicho
cuatro veces ya,
y siempre me pide más.

—Señora, necesito más documentos,
más pruebas, más rigor.

—Caballero, ya envié la escritura
que acredita la transmisión.

—Necesito la póliza original,
el recibo del IBI,
su DNI.
Adjunte cumplimentado el Anexo veintidós,
el certificado de empadronamiento,
un expongo–solicito
de su cruel petición.
Aporte la plusvalía satisfecha,
la factura del notario.
Un acta registral de
desvinculación emocional y...

—¿Desea también
un selfi del picaporte...?
(lo interrumpí, sin pudor)
¿O un TikTok del notario
rapeando?
El piso se vendió,
se firmó,
se pagó.

Caballero del Seguro...
lo pillé...
Le pagan comisiones
aumentando complicaciones.

A los pocos días
llegó un sobre
con el logo del asegurador.
«Se cancela el seguro
sin demora
ni condición.

Adjuntamos nueva póliza
para su nueva mansión.
Incluimos cobertura extraordinaria
del picaporte,
evitando así otra gestión».

Marina Negredo González

(España, 1975)

Oda a la chancleta

Tú que detestas las ataduras
que viajas incansable por playas
piscinas y asfalto.
No permites que ninguna falange
se sienta oprimida
y obras el milagro
de la ventilación continua.
Te aman los niños y los ancianos
porque eres fácil
sencilla
de diseño perfecto
que no conoce clases sociales.
Con tu ritmo acompasado
creas melodías de caminantes
sin prisas ni complejos
anhelando en cada paso
la vida sin horarios.
En ocasiones
despegas de un pie
recordándonos tu espíritu libre
transformando el paseo más anodino
en una auténtica aventura.
De la familia del calzado
eres la más humilde

pero en tu fina suela
arrastras con orgullo
ser la más antigua.

Sin ti, el verano
no existiría.

Ángel Manuel Chavarría López

(España, 1996)

Oda a la Tres Carriles

I

En el bar El Carajillo,
junto al retrete cojo,
brilla la Tres Carriles,
diosa del rojo y oro.
Suena el tilín-tilón de acero,
luces de verbena cutre;
don Rogelio, pensionista,
se arrima con cara de luto.

II

Ruedan cerezas, campanas,
un limón se le descuelga;
don Rogelio suda puro
y confiesa a la tragona:

> «Si me sueltas el bote, reina,
> te compro bombillas nuevas».

III

Se acaba el viernes,
la parroquia aplaude,

lucen ya en cero
los bolsillos del viejales.

«¡Maldita sea la suerte,
tu madre y tu electrobomba».

Pero el bar se parte de risa
y la máquina... ¡se empalma y cobra!

Y dicen que el mes que viene,
con la paga extra de viudo,
volverá don Rogelio
a besar el hierro brujo.
Porque entre luces y chimichangas
la Tres Carriles gobierna:
ella es la reina del bar,
él... su pensión eterna.

Andrés R. Blanco

(España, 1956)

*Palabras de reconocimiento a una grata
compañía en un foro de opinión*

La he visto cruzar su espada
con peligroso enemigo,
y la he visto —se lo digo—
lanzar aviesa mirada

a personajes oscuros
que con usted se han metido
y que por ello han sufrido
sopapos y golpes duros.

Me admira su cortesía,
su buen hacer, el deleite
con que lubrica de aceite
sus textos día tras día.

Pues por todo ello quiero
regalarle algunas cosas,
tal vez un ramo de rosas,
una canción, un plumero
para adornar su sombrero,
unas letras primorosas.

Y ya puestos una moto,
un deportivo veloz,

una buena batidora
para hacer puré de arroz,
un barco de mucha eslora
y un avión con su piloto.

Y el cariño floreciente
de verla por este foro.
Acepte un beso sonoro.
Séame condescendiente
que yo seré muy prudente:
Se lo daré con decoro.

Sergio López Vidal

(España, 1971)

El amor en tiempos del corrector ortográfico

Te escribí un «te quiero»
y apareció subrayado en rojo:
la gramática no tolera exageraciones.

Quise poner «suspiro»
y me lo cambió por «suscripción».
El amor, parece,
se paga ya al mes
con renovación automática.

Cuando escribí «piel»,
me sugirió «PDF».
La caricia en archivo adjunto,
descargable en todos los dispositivos.

Intenté confesar «me derrito»,
y el corrector propuso «me retiro».
No sé si fue un lapsus ortográfico
o un consejo matrimonial.

Probé con «ardor»,
y lo corrigió a «error».
Ni la pasión sobrevive
a las normas de estilo.

Al final envié el mensaje
con todas las faltas intactas,
porque amar,
aunque lo subrayen,
no admite sinónimos válidos.

Juan Manuel Cíes Arévalo

(España, 1966)

Acompañados ante el peligro

Estando en un ascensor,
un grupo indeterminado.
Uno de los allí presentes,
fue muy poco delicado.
Nos llegó un olor maloliente,
que mareó a unos
Y a otros les nubló la mente.

Buscando al culpable,
de dicha felonía.
Espero que no piensen,
que la culpa fue mía.
¡Mucha peste para un cuesco!, dijeron
se quejaron algunos y otros rieron.
Mucha gente criticando:
«¿Qué habrá comido el tío pedorreta?
¿De qué se alimenta?
¿Cuál es su dieta?»
Uno protesta:
«Mal lugar para peerse a gusto».
Y otro va gritando:
«Como encuentre al culpable,
habrá aquí un disgusto».
Se abren las puertas,

salimos en estampida.
Tropiezo con algo,
casi pierdo la vida.
¡Por fin a salvo estoy,
de semejante desgracia!
Que, a unos molesto,
y a otros les hizo gracia.

Silvia Asensio García

(Suiza, 1965)

Soneto a la ensalada

Hoy comienza la operación biquini.
Dedícate de lleno a la ensalada
al menos durante una temporada,
o suplica al diablo de Paganini.

Aunque, te lo digo por lo bajini:
si quieres que desvíen la mirada
y volver a sentirte entusiasmada,
es hora de dejar los *fetuccini*.

Pon platos suaves, ligeros y frescos
si comer sano y ordenado quieres
y escapar de unos muslos gigantescos.

Si por un cuerpo escultural te mueres,
olvídate de dulces y refrescos.
Si eres lo que comes, cuida lo que eres.

Yolanda Fernández Lago

(España, 1980)

¡Achís! ¡Cuidado! ¡Estornudo!

Mi familia espera una visita.
Hoy viene la tita Margarita.
Yo ayudo poniendo la mesa.
¡Mira! Hay un pastel de fresa.

¡Achís! Oigo un gran estornudo.
El sonido llega hasta Neptuno.
Veo cómo el aire sale de su boca.
Y luego mi perro cae en mi sopa.

Papi ha hecho un caldo sabroso.
Cada ingrediente sabe delicioso.
Yo aparto un trozo de boniato.
¡Y saco a mi perro del fondo del plato!

¡Achís! ¡Achís! ¡Achís! ¡Achís!
¿Cuatro estornudos? ¡Mecachis!
Yo tengo una toalla y un pañuelo.
Y un perro en el zumo de pomelo.

Oh, oh. Tita Margarita coge su zumo.
Mi perro es del tamaño de un grumo.
¡Achís! Él suelta un nuevo estornudo.
Y vuela hasta el cuenco de Peludo.

Uno, dos... Yo aparto el pienso.
Cinco, seis... ¡Veo mucho pienso!
Mami tropieza. ¡Bum! Cae una banana.
Mi perro salta a los brazos de mi hermana.

¡ACHÍS! Un último estornudo.
Mi perro viaja directo a Neptuno.
Yo corro. Agarro su medicina.
Y alcanzo a mi amigo en la cocina.

Miguel Ángel Torres Osorio

(España, 1956)

Político

Diplomático
de corte familiar.
En «digno» partido
has de militar,
donde nunca
han sabido
ni nunca sabrán
qué «cosa» es...
la integridad.
A pesar de tantos
y cuantos intentos
torpemente fallidos,
jamás has podido
conocer la realidad.
Político mal...
Instruido,
¿de qué penal
Has huido
si en mi país
has caído
como vulgar navío
varado, torpe
y hundido
inútil de reflotar?

Quédate en alta mar
así, muy perdido
y si fueras un amigo…
no quisieras regresar.

ENRIQUE GALLUD JARDIEL

Historia cómica
de la televisión

I.S.B.N.: 978-84-1136-887-2

La respuesta que darían muchos niños a la pregunta de
«¿A quién quieres más: a mamá, a papá o al televisor?» no
gustaría a muchos progenitores. Pero para bien o para mal,
la televisión es un elemento importantísimo en las vidas de la
mayoría, porque nos informa, nos desinforma, nos entretiene,
nos engaña, nos enseña, nos manipula, nos divierte, nos
aliena y muchas otras cosas positivas o negativas. Este libro
—parte de una colección de otras historias cómicas sobre
muy variados temas de esta misma editorial— nos cuenta
en clave de humor el pasado y el presente de este curioso
invento que se nos mete en el salón y hasta en la cocina. Nos
describe sus particularidades en España y nos habla de los
espacios televisivos con los que convivimos: series, *realities*,
concursos, informativos… Incluye también visiones paródicas
y satíricas de películas sobre el fenómeno televisivo, que nos
harán pensar a la vez que reír.